AF476397

L5h
1648

LE COMBAT

DE

Nompatelize

LE 6 OCTOBRE 1870

PAR

Le Lieutenant J. DIEZ

« Pour bien juger les faits de guerre, il faut avant tout comparer les ressources qu'ont entre les mains les partis ennemis. Il est nécessaire de se rendre compte de l'état moral des armées opposées. »

BOURBAKI.

PARIS
HENRI CHARLES-LAVAUZELLE
Éditeur militaire
10, Rue Danton, Boulevard Saint-Germain, 118

(MÊME MAISON A LIMOGES)

LE

Combat de Nompatelize

LE 6 OCTOBRE 1870

LE COMBAT

DE

Nompatelize

LE 6 OCTOBRE 1870

PAR

Le Lieutenant J. DIEZ

« Pour bien juger les faits de guerre, il faut avant tout comparer les ressources qu'ont entre les mains les partis ennemis. Il est nécessaire de se rendre compte de l'état moral des armées opposées. »

BOURBAKI.

PARIS
HENRI CHARLES-LAVAUZELLE
Éditeur militaire
10, Rue Danton, Boulevard Saint-Germain, 118

(MÊME MAISON A LIMOGES)

PRÉFACE

« Les conditions nouvelles de la guerre imposent aux forces de différente nature qui composent l'armée un rôle en rapport avec leur composition et leur valeur. Les troupes actives, réunies et entraînées dès le temps de paix, sont plus particulièrement propres aux opérations actives en rase campagne, tandis que les formations de réserve ont leur place marquée en deuxième ligne. Ces troupes, formées au moment de la mobilisation, sont composées d'individualités ne se connaissant pas et imparfaitement préparées à supporter les fatigues d'une campagne; elles ont besoin, pour prendre corps, d'une certaine période d'entraînement. Elles feraient triste figure en face de bonnes troupes et l'on risquerait, en les engageant prématurément, de se priver des services qu'elles sont appelées à rendre par la suite. » (Capitaine de Cissey.)

Ces paroles, appliquées aux opérations dans les Vosges de l'armée de l'Est, sous le général Cambriels, ont attiré particulièrement notre attention sur le rôle qui aurait dû être réservé à cette armée. Nous avons voulu préciser ce rôle et demander à l'étude d'un fait de guerre des conclusions particulièrement intéressantes pour ceux que leurs fonctions appellent à organiser la résistance dans le massif vosgien.

Nous employons avec intention ce mot organiser. Il y a, en effet, une foule d'ignorants disposés à croire qu'une armée, si faible fût-elle, peut être créée de toutes pièces sous le feu de l'ennemi, qu'une entreprise de guerre peut être improvisée, qu'on peut conduire des hommes à la victoire sans leur avoir préalablement enseigné comment on se comporte dans la bataille, sans leur avoir inculqué les vertus du soldat par la pratique méthodique et suivie d'une sévère discipline.

L'étude consciencieuse d'un exemple historique nous prouvera que, hâtivement formées, à peines instruites, les troupes manquent, dans la crise terrible du combat, de la cohésion, de la mobilité, de la rectitude des mouvements, de la résistance, en un mot, de la force qu'une éducation militaire peut seule donner.

Sans doute, l'étude complète des opérations de l'armée de l'Est aurait pu asseoir plus solidement de telles conclusions. Si nous nous en sommes scrupuleusement tenu à l'engagement du 6 octobre, c'est en nous inspirant de ces paroles du colonel Ardant du Picq : « Le plus mince détail pris sur le fait, dans une action de guerre, est plus instructif pour moi, soldat, que tous les Thiers et Jomini du monde, lesquels parlent sans doute pour les chefs d'Etat et d'armées, mais ne montrent jamais ce que je veux voir : un bataillon, une compagnie, une escouade en action. »

Il est peu facile de reconstituer les événements avec une scrupuleuse exactitude. Non que les documents fassent défaut, mais ils sont pour la plupart l'œuvre de témoins ou d'acteurs du drame dont nous avons entrepris l'histoire; par suite, ils donnent à certaines parties une importance qu'elles sont loin d'avoir et laissent dans l'ombre des événements d'un intérêt marqué. Leur étude comparative amène de nombreuses contradictions qu'il est souvent délicat d'élucider. Toutefois, leur opposition raisonnée, leur comparaison avec les dire de témoins autorisés qu'il nous a été donné d'entendre, leur décomposition sur le terrain même de la lutte nous permettent de croire que notre récit est aussi exact que possible.

Quant à la partie critique de ce travail, elle n'a d'autre valeur que celle que peut avoir une opinion personnelle et ne prétend pas à la précision du récit historique. C'est un complément qui est, à notre avis, la conclusion naturelle de l'étude du fait de guerre. C'est la leçon vécue qui découle de l'examen des faits. Nous ne lui accordons pas d'autre importance, n'ayant aucunement la prétention d'ériger nos idées en un corps de doctrine.

J. DIEZ.

BIBLIOGRAPHIE

1. *Rapport du général Dupré au général Cambriels.*
2. *Historique du 32e régiment de marche.*
3. *Historique du 34e mobiles des Deux-Sèvres.*
4. *Historique du 58e mobiles des Vosges.* (L'historique du 3e bataillon existe seul.)
5. *Journal de marche du 2e bataillon de la Meurthe.*
6. *Journal d'un capitaine de francs-tireurs*, par le comte de Belloval.
7. *Relation d'un officier du 34e mobiles*, par le lieutenant Guette.
8. *Le colonel Bourras et le corps franc des Vosges*, par Wolowski.
9. *Faits et gestes de la légion bretonne*, par Jules Onnée.
10. Relation du grand état-major allemand : *La guerre franco-allemande de 1870-71.*
11. *Les opérations du général de Werder*, par le capitaine Löhlein.
12. *Les Vosges en 1870*, par un ancien officier de chasseurs à pied.
13. *Histoire générale de la guerre franco-allemande de 1870-71*, par le colonel Rousset.
14. *La guerre sur les communications allemandes*, par J.-B. Dumas.
15. *Combat de La Bourgonce et de Rambervillers* (publié sans nom d'auteur, en 1881, à Rambervillers).
16. *Les Vosges pendant la guerre de 1870-71*, par M. Bardy.
17. *Opérations du XIVe corps allemand dans les Vosges*, par le capitaine de Cissey.
18. *L'armée de l'Est*, par Grenest.

LE

Combat de Nompatelize

LE 6 OCTOBRE 1870

CHAPITRE Ier

SITUATION COMPARÉE DES TROUPES BELLIGÉRANTES DANS LE MASSIF VOSGIEN AU COMMENCEMENT D'OCTOBRE 1870

I. — Mobiles et francs-tireurs.

La retraite rapide des armées de l'Empire, après les désastres de Lorraine et d'Alsace, avait jeté, dans la région vosgienne le désordre et la démoralisation. L'évacuation, aussi complète qu'inexplicable, des sérieuses lignes de concentration des massifs montagneux avait laissé le haut plateau lorrain sans aucune troupe.

Pourtant les hommes ne manquent pas dans cette région de l'Est. La guerre a su réveiller les courages français : « Une grande fermentation règne en Lorraine et en Alsace et partout les habitants exaspérés n'attendent que des armes et une intelligente direction pour courir sus à l'ennemi. » (Rapport, en date du 30 août, du colonel Bigot, chef d'état-major de la 7e division à

Besançon.) Cette intelligente direction fit complètement défaut. On forma bien deci, delà, des *bataillons de gardes mobiles;* on groupa au hasard des circonstances les éléments de *francs-tireurs* qui battaient la campagne un peu au gré de leur fantaisie. Mais que valaient ces troupes?

Les *mobiles*, la plupart en blouses et pantalons de toile, sont armés de fusils à tabatière qui ne peuvent faire feu. Pour tout équipement, un sac; pour cartouchières, leur mouchoir noué à la ceinture et serrant tant bien que mal des cartouches bientôt avariées. Les soldats n'ont « qu'une misérable besace en toile comme en portent les bergers de notre pays; ni nécessaire d'armes, ni tentes, ni chaussures de rechange, ni provisions, ni rien en un mot de ce qui constitue le bagage du soldat en campagne ». (L. Guette.)

Leur éducation antérieure, au milieu d'une nation dont on avait énervé les mœurs militaires, loin de les avoir pliés aux lois de la vie du soldat, les avait plutôt préparés à se soustraire au frein de toute discipline. Les chefs, pour la plupart, n'ont jamais servi; ce sont des hommes que leur position personnelle, leur honorabilité, leur fortune, leur influence dans le pays ont fait désigner. Quelques-uns se révélèrent bons conducteurs d'hommes; beaucoup n'eurent jamais du chef que les galons et furent plutôt une cause de faiblesse qu'un élément de force, en raison de leur conduite tout au moins équivoque.

Les *francs-tireurs*, en général mieux armés, mieux équipés, bons marcheurs, eussent pu rendre de réels services. Mais leur esprit indépendant répugnait à toute action d'ensemble. Il eût fallu une main énergique, une parole chaude et vibrante pour réunir ces hommes, les grouper, les discipliner enfin et leur donner ce lien sans lequel le nombre n'est et ne peut rien. « Ce n'est pas le nombre qui vainct, mais le grand cœur. » (Montluc.)

Que la plupart de ces hommes qui vinrent offrir leur bras à la Patrie accablée fussent animés des meilleures intentions, on peut, on doit le croire. Mais de l'intention au fait, quand il s'agit de courage, de souffrance, de dévouement, de sacrifice, il y a un abîme qui ne put être franchi: Il ne suffit pas d'avoir des masses enthousiasmées et de les armer pour avoir de véritables soldats; on ne bat pas l'ennemi avec des chiffres : le nombre ne peut, quoi qu'on en dise, suppléer à la valeur intrinsèque que dans une certaine mesure : « Il n'y aurait point d'art de la guerre si l'on devait toujours céder le terrain sous prétexte qu'on est numériquement inférieur. » (Gouvion-Saint-Cyr.)

II. — Effectifs français aux environs de Raon-l'Etape au commencement d'octobre.

Vers le 1er octobre, on comptait à Raon-l'Etape et aux environs :

1° Le bataillon des mobiles de la Meurthe, 500 hommes; 8 compagnies, commandant Brisac;

2° Le 1er bataillon des mobiles des Vosges, commandant Simonin, et le 3e bataillon, commandant Brachet, du même régiment placé sous les ordres du lieutenant-colonel Dyonnest;

3° Différents corps francs indépendants parmi lesquels nous citerons :

a) La compagnie des francs-tireurs de la Seine, 100 hommes, capitaine Dumont;

b) La compagnie des francs-tireurs de Neuilly, 200 hommes, capitaine Sageret;

c) La compagnie des francs-tireurs de Colmar, 60 hommes, capitaine Eudeline;

d) La compagnie des francs-tireurs de Lamarche, 32 hommes, capitaine Lapicque.

Ces éléments épars eussent pu constituer une masse dont l'effet utile serait devenu sérieux. Mais il leur manqua une direction générale déterminée par le haut commandement : « Tous les éléments de puissance ne sont rien quand une volonté individuelle n'intervient pas pour en régler l'emploi. » (J.-B. Dumas.) Malheureusement l'autorité supérieure se désintéressa trop longtemps des francs-tireurs qui furent dès lors condamnés à la stérilité.

Ces troupes, concentrées vers Raon-l'Etape, étaient placées sous les ordres du *commandant Perrin*. Personnage étrange, original, dont la tenue baroque étonnait les moins susceptibles : pantalon d'artilleur avec de grandes bottes jaunes, limousine de roulier, chapeau de feutre à large bord; il avait comme arme un gourdin noueux avec lequel il frappait les traînards ou à défaut son infortuné cheval gris. Sous des apparences frustres, c'était bien l'homme qu'il fallait pour insuffler un peu d'énergie et d'audace à des troupes que leur jeunesse et leur inexpérience rendaient naturellement un peu timides. De tous les officiers qui eurent un commandement dans les Vosges, il fut le seul qui conserva confiance jusqu'au bout : il ne put faire partager son ardeur convaincue à ses supérieurs, ni à ses égaux. Sa franchise absolue qui allait jusqu'à la rudesse, son énergie endiablée détonnaient au milieu d'officiers qui n'avaient ni sa confiance dans l'avenir, ni surtout son violent désir de résister avec bonheur à l'invasion. Le préfet des Vosges, M. Georges, le juge ainsi dans un rapport du 28 septembre 1870 : « Brusque, énergique, propre au commandement actif. »

III. — Formation du XIVe corps allemand. — La brigade Degenfeld.

Les troupes françaises improvisées et non aguerries dont nous venons de parler, commandées, sauf de rares exceptions, par des chefs dont l'inexpérience égalait la bravoure, n'ayant jamais manœuvré, sachant à peine tirer, ne possédant aucun entraînement physique et moins encore de véritable énergie morale, allaient lutter contre un ennemi discipliné, bien commandé, pourvu d'une bonne artillerie et à qui ses succès donnaient un entrain réel. Le résultat du choc de pareils adversaires est facile à prévoir.

La rencontre en rase campagne devait être funeste à nos troupes de nouvelle formation. C'était principalement ce qu'il fallait éviter. Il aurait fallu continuer de compromettre les lignes de communication des armées allemandes et contribuer à démoraliser les troupes envahissantes. Nous ne pouvons mieux faire ressortir notre idée et lui donner le relief qu'elle mérite qu'en empruntant le passage suivant à Clausewitz : « En vue de soustraire les milices et les populations armées à l'action trop directe et trop violente de l'ennemi, on ne doit les employer que rarement à la défense tactique.

» Instrument de résistance stratégique d'une grande énergie, elles se comportent naturellement dans le combat comme les troupes de qualité inférieure; elles y apportent beaucoup de puissance et de feu dans l'élan, mais leur sang-froid et leur ténacité s'épuisent vite. Il est certain que la dispersion, après défaite, d'un corps de milice ne peut avoir que peu d'influence sur les masses insurgées; elles savent d'avance qu'il en sera souvent ainsi.

» Il importe néanmoins de ne pas les exposer à de

trop fortes pertes qui éteindraient bientôt toute leur ardeur.

» Les milices ne doivent donc jamais entreprendre de défendre une coupure de terrain dans l'intention d'y prolonger la résistance jusqu'à ses dernières limites.

» Les employer de la sorte, même dans les circonstances les plus favorables, serait les exposer à une perte certaine.

» Elles doivent se borner à défendre aussi longtemps que possible les débouchés des montagnes, les chaussées des marais, les gués, les ponts, mais dès qu'elles se voient forcées, au lieu de se retirer en masses sur une position défensive, elles doivent se disperser pour recommencer bientôt à surprendre et à harceler les troupes envahissantes.

» Si les grands instincts nationaux doivent quelque part se condenser et former un instrument de résistance effective, ce ne peut être que sur des points tels qu'ils y trouvent l'influence d'une protection nécessaire et n'y soient pas trop exposés aux coups trop puissants de l'attaque. »

Le rôle de ces levées du gouvernement de la Défense nationale et le danger qu'elles faisaient courir aux armes allemandes étaient bien compris par le grand état-major, lorsqu'il prescrivait au général de Werder d'occuper la haute Alsace et de faire parcourir toute la région des Vosges par des colonnes volantes chargées de désarmer les habitants.

La chute de Strasbourg (27 septembre) rendant disponibles la majeure partie du corps de siège, de Moltke constitue le XIVe corps, fort d'environ 36.800 hommes de troupes aguerries et régulières, qu'il va lancer contre les rassemblements français de l'Est. « Votre Excellence s'attachera à mettre obstacle aux tentatives ayant pour objet la formation de nouvelles troupes dans les départements des Vosges, de la Haute-Marne, et de l'Aube, à désarmer les populations. » (Instructions du roi au commandant du XIVe corps, 30 septembre 1870.)

C'est à la suite des ordres et instructions du grand état-major que le général de Werder dirige, le 2 octobre, à travers les Vosges, un détachement mixte de la division badoise sous le commandement du général de Degenfeld. Ce détachement comprend 6 bataillons, 2 escadrons un quart, 2 batteries d'artillerie et 2 sections d'ambulance, c'est-à-dire environ 7.000 hommes, 900 chevaux et 12 pièces.

Il marche sur deux colonnes vers l'Ouest. L'une se porte de Mutzig par Schirmeck sur Raon-l'Etape où elle arrive le 5. L'autre se dirige de Barr sur Etival par Senones.

Le gros de la division badoise, concentré à Barr, doit suivre le mouvement de Degenfeld dès le 6 octobre pour gagner Raon-l'Etape.

CHAPITRE II

ÉTUDE HISTORIQUE DU COMBAT DU 6 OCTOBRE 1870

PREMIÈRE PARTIE

Préliminaires.

I. — Abandon de Raon-l'Etape. — Dispositions prises pour la journée du 5 octobre.

Devant la marche en avant du XIVe corps allemand, les détachements qui occupaient la vallée de la Plaine s'étaient repliés sur la Meurthe sans essayer de défendre les nombreux travaux, tranchées et abatis, exécutés par les habitants et les gardes forestiers.

La résistance de Raon-l'Etape était impossible. Maintenu de front et menacé de flanc, le commandant Perrin évacue la ville le 4 octobre en faisant sauter le pont du chemin de fer à Thiaville. Franchissant la Meurthe à Etival, il se dirige sur le massif des Rouges-Eaux par la Bourgonce. En même temps, il télégraphie à Epinal et à Tours pour demander des renforts plus résistants et mieux instruits que les éléments dont il dispose. Un amalgame des troupes nouvellement formées avec des compagnies plus solides aurait pu donner des résultats inespérés; l'émulation produite devait à coup sûr engendrer plus de confiance.

A peine arrivé à la Bourgonce avec 2.000 hommes environ, le commandant Perrin court de sa personne à Epinal pour activer l'arrivée des troupes qu'il réclame. Il laisse au commandant Brisac l'ordre suivant : « M. le commandant Brisac restera à la Bourgonce avec son bataillon et celui de M. le commandant Simonin. Le 3e bataillon des Vosges, commandant Brachet ira occuper le Haut-Jacques. »

Le commandant Brisac recherche aussitôt quelles sont les mesures de sûreté que comporte la situation. Pour couvrir la Bourgonce dans la direction d'Etival, il place des grand'gardes à La Salle et à Nompatelize. Afin d'obtenir des renseignements sur l'ennemi, il envoie des émissaires dans la direction de Saint-Dié, Etival et Raon. Ces éléments de reconnaissance signalent le 5 octobre la présence des Allemands à Raon et à Etival. Du côté de Saint-Dié et Provenchères, à part quelques cavaliers badois, on ne rencontre pas de troupes ennemies; rien ne fait prévoir dans cette direction la présence de forces sérieuses.

Dès le point du jour, le commandant Brisac reconnaît la position en avant de la Bourgonce. Il répartit ses troupes de la manière suivante :

1° Les francs-tireurs de Colmar, vers Saint-Michel; ils détachent un poste dans le cimetière, un poste à la maison d'école;

2° Une compagnie du bataillon de la Meurthe, capitaine Gridel, à Nompatelize;

3° Une compagnie du même bataillon, capitaine Clément, entre Nompatelize et La Salle;

4° Les gardes nationaux de La Salle aux abords de leur village;

5° La compagnie des francs-tireurs de Neuilly à la lisière des bois qui bordent le chemin de La Salle à Saint-Remy, une section occupant la coupure faite au Haut-du-Bois, sur la route de Rambervillers;

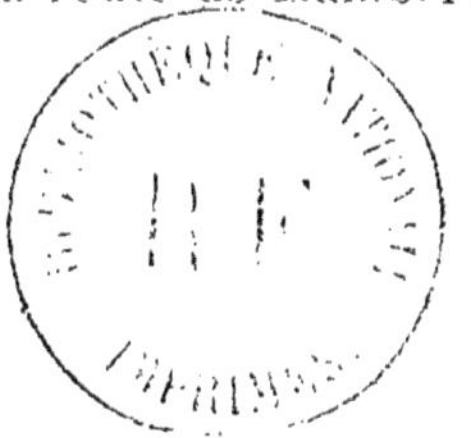

6° Une demi-compagnie du 1er bataillon des Vosges entre Nompatelize et La Bourgonce;

7° L'autre demi-compagnie entre ce village et La Salle;

8° Tout le reste en réserve à La Bourgonce. Une compagnie des Vosges fournit des postes aux abords du village, sur chaque route.

II. — Combat de la Chipote.

La journée du 5 octobre se passa dans l'attente des événements. La relation allemande signale un combat à la Chipote : « Le 5 octobre, après la prise de Raon, deux compagnies du 3e régiment badois rejoignaient à la Chipote l'adversaire en retraite précipitée sur Rambervillers et le mettaient en déroute complète après une demi-heure de combat. » La Chipote n'était gardée le 5 octobre par aucune troupe; il ne put donc y avoir de combat. Les Badois rencontrèrent la résistance, toute morale d'ailleurs, des pauvres habitants de la ferme, un vieillard de quatre-vingts ans, sa femme et son fils. Ils se vengèrent de quelques coups de feu tirés sous bois en fusillant les deux hommes et en mettant le feu à la maison. Voilà ce que le grand état-major omet de relater !

III. — La brigade Dupré.

Dans la soirée du 5 octobre, vers 4 heures, une reconnaissance de dragons badois, poussée d'Etival vers Saint-Michel, fut accueillie à coups de fusil par les francs-tireurs de Colmar.

Les troupes ennemies, qui se concentraient à Raon et à Etival, et qui servaient d'avant-garde au XIVe corps, étaient invitées à occuper Saint-Dié, et à battre le pays dans les directions du Sud et de l'Ouest. C'est dans l'exécution de cet ordre que les patrouilles signalent la présence de rassemblements français sur le plateau de Nompatelize. Elles ne cherchent pas d'ailleurs à préciser leurs renseignements.

Le commandant Brisac, inquiet, envoie au commandant Brachet l'ordre de redescendre sur La Bourgonce avec la moitié de son bataillon. L'autre moitié continue à occuper le Haut-Jacques. Il ignore où se trouve le commandant Perrin, et si des renforts sont en route. A tout hasard, il adresse au *commandant des troupes françaises à Bruyères* communication des renseignements qu'il a obtenus et des dispositions qu'il a adoptées. Dans la nuit du 5 au 6, il recevait la réponse suivante : « Reçu une dépêche de M. le commandant Brisac dont les dispositions sont approuvées. » Signé : général Dupré.

Ce général était à la tête de renforts dirigés sur La Bourgonce. Ils arrivaient par chemin de fer de Vierzon à Epinal, puis le 4 octobre à Bruyères. Ils formaient une brigade qui comprenait :

a) Le 32° de marche (3.600 hommes) sous les ordres du lieutenant-colonel Hocédé;

b) Le 34° régiment des mobiles des Deux-Sèvres (3.500 hommes), commandé par le lieutenant-colonel Rouget de Gourcez;

c) La 18° batterie (6 pièces de 4) du 14° régiment d'artillerie ayant pour chef le capitaine Delahaye.

La brigade Dupré arrêtée quelques instants à Bruyères, reprenait son mouvement dans la soirée du 5 et se portait sur la Bourgonce où la queue de sa colonne parvint seulement le lendemain matin, vers 5 heures, après une marche de toute la nuit. « La nuit était splendide et la lune, dans son plein, éclairait un paysage des plus saisissants. Nous suivions péniblement les sentiers abrupts de la montagne, mais, absorbés par le spectacle grandiose que nous avions sous les yeux et l'inquiétude vague de l'inconnu, nous ne prîmes aucunement garde à la fatigue forcée d'une route longue et difficile. » (Lieutenant Guette, du 34e mobiles.)

Cette fatigue ne manqua pas cependant de faire sentir ses effets. On peut en juger par ce passage du rapport du lieutenant-colonel Rouget de Gourcez au général Cambriels : « Depuis trente-six heures, ils n'avaient pas mangé et les quatre nuits précédentes, ils les avaient passées blanches ou à peu près, trois en chemin de fer et la quatrième, précédant le combat, a été passée jusqu'à minuit en marche sur La Bourgonce; le reste, à la belle étoile, malgré le froid. »

Avec des troupes ainsi fatiguées, mal habillées, mal armées, mal instruites, le simple bon sens commandait de rester groupé. Il eût convenu de prendre une position concentrée et, à la faveur des bois et des massifs montagneux, de harceler l'ennemi, au lieu d'adopter des idées d'offensive intempestive qui allaient conduire les troupes des Vosges à un désastre.

Le commandant Perrin essaya de faire prévaloir ces idées. Il avait senti que la lutte engagée revêtait un caractère particulier; il comprenait que les procédés réguliers devenaient inapplicables avec des troupes sans expérience et que, par suite, il fallait chercher à fatiguer l'ennemi par une guerre de chicanes, d'embuscades et de surprises et à le dérouter à force d'activité, de résolution et d'audace.

IV. — Marche sur Etival.

Le général Dupré, au contraire, soit qu'il ne se rendit pas compte de l'état physique et moral de ses troupes, soit que, peu expérimenté en matière de commandement et de tactique, il ait mal jugé la situation, se crut assez fort pour tenter de culbuter les Allemands, dont il ignorait d'ailleurs totalement l'effectif. Il prit aussitôt ses dispositions pour marcher sur Etival, le Donon et le tunnel de Lutzelbourg. Son petit corps, formé sur deux colonnes, s'ébranle vers 8 heures.

La colonne de gauche, composée du régiment des Deux-Sèvres (2 bataillons), des francs-tireurs de Neuilly, de Lamarche et d'une section d'artillerie, était placée sous les ordres du lieutenant-colonel Rouget de Gourcez, assisté du commandant Perrin. Elle gagne de suite Le Han pour suivre ensuite le chemin de La Salle à Saint-Remy.

La colonne de droite, sous les ordres du lieutenant-colonel Dyonnest, comprenait les francs-tireurs de Colmar, le bataillon de la Meurthe, 575 hommes, le régiment des Vosges, 2 bataillons, 1.300 hommes, et une section d'artillerie (sous-lieutenant Laffon de Ladébat). Elle a pour point de départ Nompatelize.

La réserve, commandée par le lieutenant-colonel Hocédé, comprend le 32e de marche, un bataillon des mobiles des Deux-Sèvres et une section d'artillerie. Ces troupes, qui devaient former une troisième colonne, ne purent entamer le mouvement en avant; elles constituèrent une réserve générale qui prit le dispositif suivant : le 1er bataillon du 32e (commandant Vitte) est en arrière de la droite; le 2e bataillon (commandant Graziani), un peu en arrière du 1er et à sa gauche; le 3e bataillon (commandant Maffre-Lacan) est en réserve à la sortie de La Bourgonce. « Il a derrière lui, dans les premières maisons du village, le 3e bataillon du 34e mobiles. » (*Historique du 32e régiment de marche.*)

V. — Marche de la colonne Degenfeld sur Saint-Dié.

L'action ne pouvait tarder à s'engager. Dès le grand matin, en effet, le général de Degenfeld s'était mis en marche sur Saint-Dié par les deux rives de la Meurthe. Il laissait à Raon-l'Etape le 1er bataillon de grenadiers du corps et le 1er escadron du 1er régiment de dragons. A Etival, s'organisait, pour assurer les débouchés de la montagne et rassembler les vivres, un bataillon de fusiliers des grenadiers du corps. Sur la rive droite, la colonne placée sous les ordres du colonel Müller comprenait le 1er bataillon et le bataillon de fusiliers du 3e régiment, 3 pelotons du 1er régiment de dragons, la 2e batterie lourde et 4 pièces de la 4e batterie légère. La colonne de l'Ouest, commandée par le major Kieffer, comptait le 2e bataillon du 3e régiment d'infanterie, le bataillon de fusiliers du 6e régiment, un demi-escadron de dragons, 2 pièces de la 4e batterie légère.

Vers 6 h. 30, une patrouille de trois dragons se présente à l'entrée de Nompatelize et tombe à l'improviste au milieu d'un poste de gardes mobiles de la Meurthe qui décharge ses fusils à bout portant sans lui faire aucun mal. D'autres éléments de reconnaissance lancés sur Saint-Michel essuyent également des coups de feu. Mais un épais brouillard borne momentanément les vues et ce n'est guère que vers 9 heures du matin que le major Kieffer peut préluder au mouvement offensif vers l'Ouest.

DEUXIÈME PARTIE

L'engagement.

I. — Description du terrain.

Le terrain sur lequel va se dérouler l'action est un vaste amphithéâtre limité par les deux pans coupés du Repy, vers le Nord, et des hauteurs de la Madeleine, vers le Sud. A l'Ouest, il est fermé par les hauteurs de la forêt de Rambervillers, que des routes franchissent à Mon-Repos, au col du Haut-du-Bois, et, vers Tibonpré, aux pieds du Barrémont et du Woirinchâtel. Ce vaste plateau cultivé, dont les gradins s'abaissent vers la Meurthe, à l'Est, en pentes abruptes, vallonnées et heurtées, où haies et bouquets d'arbres facilitent une offensive prudente, mais assurée, est fort difficile à déchiffrer à première vue, contrarié qu'il est dans tous les sens. La Meurthe, obstacle sérieux, coule dans une vallée feigneuse large de 700 à 800 mètres; elle n'offre que deux passages aux ponts de la Voivre et d'Etival. Au centre du cirque ainsi délimité, le ruisseau de la Valdange creuse l'allée principale par laquelle on descend du passage de Mon-Repos pour se diriger vers Nompatelize et au delà bifurquer sur Saint-Remy ou sur la Voivre.

La plaine est dominée de plus de cent mètres au Sud de Nompatelize par le contrefort boisé des Deux-Jumeaux, détaché de la Madeleine. Véritable clef de la position, cet éperon commande tout à la fois la coulée qui, d'Etival, remonte sur Nompatelize et le vallon non moins important qui, de Saint-Michel, gagne Sauceray.

Ce n'est qu'à la suite d'un examen plus sérieux que

l'œil est attiré par d'autres points remarquables de ce vaste plateau : c'est d'abord le village de Nompatelize, vers lequel semblent converger les couloirs qui montent de la Voivre ou d'Etival; puis ensuite les deux mamelons sur lesquels s'élèvent la ferme du Han et l'église de Saint-Michel. Véritables sentinelles avancées, ces positions permettent à la fois d'explorer le terrain au loin et de tenir en respect l'ennemi qui est obligé de se présenter à leur pied.

II. — Le combat de 6 h. 1/2 à 9 h. 1/2. — Déploiement de la ligne française.

Vers 6 heures du matin, nous n'avons que deux compagnies (2e et 4e) du bataillon de la Meurthe, dans Nompatelize. Dès que les éclaireurs ennemis viennent inquiéter nos grand'gardes, le lieutenant-colonel Dyonnest y jette le bataillon tout entier et porte entre Nompatelize et La Salle une compagnie du 1er bataillon des Vosges. Trois autres compagnies de ce bataillon et deux compagnies du 2e, entraînées par le capitaine Schœlden, prennent position sur les pentes Nord du bois des Deux-Jumeaux. A l'extrême droite, les francs-tireurs de Colmar se replient par la Vacherie sur les Feignes et s'établissent aux Jumeaux, face à l'Est (8 heures). Deux compagnies du 32e de marche bouchent la trouée qui sépare Nompatelize du Petit-Jumeau.

Le général de Degenfeld, averti de la présence des troupes françaises vers Saint-Michel et Nompatelize, se dispose à les en chasser. Le bataillon de fusiliers du 6e régiment se porte directement sur Nompatelize. Le 2e bataillon du 3e régiment marche sur Biarville, faisant filer sur sa gauche de nombreux tirailleurs qui gagnent le hameau des Feignes. Les deux pièces légères viennent prendre position sur les hauteurs de la Molière, à l'Ouest du chemin d'Etival à Nompatelize (côte 389), et, vers 9 heures, commencent à tirer sur les maisons. Le feu est bien dirigé; l'incendie se déclare dans plusieurs fermes de la lisière Nord du village. « Les obus passent en sifflant, traversent et incendient les maisons; l'un d'eux, éclatant au milieu de la 7e compagnie, blesse ou tue dix hommes. » (*Journal de marche du bataillon de la Meurthe.*)

Cependant le bataillon s'est déployé en avant des premières maisons, la gauche appuyée à l'église, la droite au chemin qui mène à Saint-Michel. Nompatelize devenait ainsi le sommet d'un saillant couvrant La Bourgonce.

Le bataillon de fusiliers s'avance par échelons. Tandis que l'échelon de droite engage le feu avec le 2e bataillon du régiment des Deux-Sèvres qui occupe le Han, l'échelon de gauche se jette sur Nompatelize (1) et pénètre dans la partie Nord-Est du village. Le bataillon des mobiles de la Meurthe, renforcé de plusieurs compagnies du 32e de marche, résiste avec acharnement et tous les efforts des fusiliers badois ne peuvent le refouler. Ceux-ci s'établissent solidement sur la position conquise, mais ne peuvent pousser plus avant.

III. — Le combat de 9 h. 1/2 à 11 h. 1/2. — Déploiement des troupes allemandes.

Vers 9 h. 30, la ligne française s'étend de Saint-Remy par le Han, la Valdange et Nompatelize, jusqu'au delà des Feignes. C'est un long cordon de près de six kilo-

(1) Dégarni par la retraite prématurée du bataillon de la Meurthe, inquiet des infiltrations qui se produisaient du côté des Feignes.

mètres sans cohésion et de nulle puissance offensive. C'est à peine si, au strict point de vue défensif, on peut y trouver, avec bonne volonté, un peu d'ordre et un semblant de liaison.

A l'extrême gauche, les gardes nationaux de Rambervillers tiennent le col de la Chipote où ils ont construit des tranchées et des abatis; leurs avant-postes garnissent les collines au nord-ouest de Saint-Remy. Les francs-tireurs de Lamarche sont dans ce dernier village; ceux de Neuilly bordent la lisière du bois de Saint-Benoît. Un bataillon des gardes mobiles des Deux-Sèvres occupe le Han et le bois qui est au nord; le 1er bataillon est en réserve.

La droite française tient Nompatelize et les Deux-Jumeaux. Une section d'artillerie est en batterie au pied du Petit-Jumeau; l'autre, à la sortie Est de La Bourgonce. Enfin, le 32e de marche est en réserve générale dans la formation qu'il avait adoptée dès le matin. Il a cependant déjà engagé quatre compagnies aux abords de Nompatelize.

Le général Dupré se tient à la sortie de La Bourgonce. Il a pour chef d'état-major le capitaine du génie Varaigne; le commandant Perrin a détaché près de lui le capitaine d'artillerie Schœlden qui, entraînant au feu le 58e mobiles, tombe mortellement frappé dès le début du combat.

A la même heure — 9 h. 30 — le 2e bataillon du 3e régiment allemand (major Steinwach), qui débouche de Biarville, porte deux compagnies sur les Feignes. Les deux autres compagnies, remontant le vallon qui longe la route de Saint-Dié, prennent Nompatelize comme objectif. Devant cette démonstration, nos troupes abandonnent aussitôt les quelques maisons qui forment l'avancée Est de Nompatelize, sur le petit chemin des Void-de-Paru. Elles viennent se retrancher dans les fermes qui bordent le chemin des Feignes. Le feu des Badois ne peut les en déloger. En vain ceux-ci, que vient de rejoindre l'artillerie de l'autre colonne rappelée en toute hâte sur la rive gauche, mettent deux pièces en batterie à moins d'un kilomètre, sur la route départementale. Ces pièces, contrebattues par notre artillerie, sont impuissantes à favoriser le mouvement en avant de l'infanterie qui fait des pertes sérieuses. Les deux compagnies s'entassent dans le vallon, abritées par un ressaut de terrain, et tous leurs efforts ne peuvent leur permettre de dépasser le chemin des Void-de-Paru. Pendant près d'une heure elles restent couchées et serrées, à court de munitions, à la merci d'une énergique poussée de la ligne française qui demeure dans une fâcheuse inaction : nos jeunes troupes, qui parviennent à se maintenir en ligne, n'ont pas encore assez de confiance pour se porter en avant : « J'ai vu alors 60 Prussiens, dit le lieutenant-colonel Dyonnest, commandant le régiment des Vosges, tenir en respect 500 tirailleurs. Je criai à plusieurs reprises à nos hommes dont une centaine étaient couchés à cent cinquante pas au plus de l'ennemi, de charger à la baïonnette. Le cri fut répété, mais les hommes, après avoir essayé de se relever, reprirent leur position. Ni encouragement, ni menaces, rien ne put y faire. »

Les deux compagnies badoises qui marchent sur les Feignes n'avancent qu'avec précaution. Elles progressent lentement, ne voulant pas s'engager avant que les troupes de la rive droite de la Meurthe, rappelées en toute hâte, ne soient à portée de leur donner un soutien efficace.

La droite allemande est encore moins heureuse. Après plus d'une heure de combat, les fusiliers du 6e régiment (9e et 10e compagnies) n'ont pu gagner un pouce de terrain dans la direction du Han. Vers 10 heures, sous l'énergique impulsion du commandant Perrin, les gardes mobiles des Deux-Sèvres et les francs-tireurs de Neuilly prennent l'avantage et entament un mouvement en avant pour tourner la hauteur de la Molière. La section d'artillerie du lieutenant Laffon de Ladébat appuie le mouvement : un de ses caissons s'embourbe; malgré de sérieux efforts, on ne peut le dégager.

IV. — Le combat de 11 h. 1/2 à 1 heure. — Les Badois, tenus en échec, attendent les renforts.

L'ennemi, partout tenu en échec, ne se maintient que grâce à son artillerie et à l'inertie du général Dupré, qui laisse passer le moment opportun pour effectuer un mouvement offensif qui aurait eu grande chance de succès.

Sur la rive droite de la Meurthe, la 10e compagnie du 3e régiment badois, poussant devant elle des partis français, s'avançait par La Voivre, jusque vers Marzelay. Mais le feu nourri qui retentissait vers l'Ouest attire l'attention du général de Degenfeld qui avait cru d'abord à une simple escarmouche de francs-tireurs. Ne laissant que trois compagnies à La Voivre, il se détermine à faire passer la majeure partie de la colonne de gauche sur l'autre rive et appelle sur le champ de bataille les troupes laissées à Etival et à Raon.

L'artillerie, rebroussant chemin, passe la Meurthe au pont d'Etival et quatre pièces de la 2e batterie lourde s'installent sur la position de la Molière, où elles relèvent la section du lieutenant Nüsslin, fortement éprouvée par les feux que croisait sur elle l'artillerie ennemie des Jumeaux et de Saint-Remy. Quelques instants plus tard, quatre autres bouches à feu prenaient position sur la croupe à l'ouest de Biarville, d'où elles canonnaient le village de Nompatelize en flammes et surtout la lisière du Petit-Jumeau, dont l'importance ne pouvait leur échapper.

A la même heure, le 1er bataillon du 3e régiment badois traversait la Meurthe, partie à gué, partie sur le pont de La Voivre, et marchait sur les Feignes. Avec le concours des deux compagnies du 2e bataillon qui ont déjà pris pied sur la lisière Nord, il entre dans ce hameau que, contrairement au dire de la relation allemande, nos troupes n'occupaient pas. Le colonel Müller, grièvement blessé, est remplacé dans son commandement par le major Steinwachs. Les Badois prennent dès lors comme objectif la lisière du bois des Jumeaux; mais ils ne peuvent déboucher des Feignes : le feu des francs-tireurs et des mobiles vosgiens fait éprouver aux Allemands des pertes sérieuses chaque fois qu'ils tentent de se porter en avant.

Si de ce côté nous gardons l'avantage, au centre et à gauche la ligne française fléchit et cède. A Nompatelize, la situation est devenue intenable. Mal soutenues par notre artillerie, inférieure en nombre et en portée à l'artillerie allemande, les compagnies de la Meurthe et du 32e de marche sont obligées vers midi d'abandonner le village incendié. Le mouvement de repli une fois commencé ne peut plus être dirigé. La cohue en désordre gagne précipitamment La Bourgonce où les unités se reconstituent tant bien que mal. Une centaine d'hommes à peine du bataillon de la Meurthe, sous les ordres du sous-lieutenant Vaincker et de l'adjudant Clément, se maintiennent dans le groupe de maisons situé à la croisée des chemins de La Bourgonce et de La Vacherie et sur le chemin des Feignes. Une de ces maisons porte encore sur sa façade, autour d'un œil-de-bœuf, d'où un mobile fusillait les Prussiens, d'innombrables traces de balles pieusement conservées par le propriétaire.

Du côté d'Etival, trois compagnies du bataillon de fusiliers des grenadiers du corps, dirigées par le major Betz, s'emparent de Saint-Remy, malgré une vigoureuse résistance des francs-tireurs de Lamarche et de Neuilly : « Une sorte de rage s'est emparée des soldats qui disputent le terrain pied à pied, de maison en maison. » (Comte de Belleval.) Le capitaine Sageret est blessé mortellement en donnant un exemple qui pouvait assurer le succès. Son lieutenant, M. Letourneur, est également tué.

Un énergique retour offensif des mobiles des Deux-Sèvres, nous rend maîtres de la partie ouest du village qu'il nous faut bientôt abandonner de nouveau. Les Allemands, étonnés d'une résistance à laquelle ils ne s'attendaient pas, hésitent avant de quitter ce couvert sérieux; ils engagent un vif combat de tirailleurs avec les troupes françaises qui occupent les bois de Saint-Benoît et du Han. Celles-ci, maintenues de front par l'artillerie qui occupe la Molière, menacées de flanc à la suite de l'occupation de Saint-Remy par un adversaire qui cherche à progresser et se renforce continuellement, cessent l'offensive qu'elles avaient entamée et reculent en combattant sur La Salle. La ferme du Han, malgré la présence des blessés qu'on y a laissés, est aussitôt incendiée par les Prussiens.

V. — De 1 heure à 4 heures. — La ligne française lâche pied.

« Vers 1 heure, dit la relation allemande, en présence de la supériorité numérique bien constatée de l'adversaire, il n'était pas prudent de pousser plus loin l'offensive. » Supériorité plus apparente que réelle, nos jeunes conscrits, qu'il était à peine possible de maintenir en ligne, n'ayant pas encore assez de confiance en eux-mêmes pour se reporter en avant et progresser sous le feu. La supériorité de l'artillerie allemande sur l'artillerie française compensait largement d'ailleurs le désavantage du nombre chez nos adversaires.

Vers 1 heure, le général Dupré se met à la tête de la réserve générale (3e bataillon du 32e de marche et une compagnie du 2e bataillon). Il ramène au feu ses jeunes troupes et tente de réoccuper Nompatelize. Il parvient à prendre pied dans la portion sud du village et à s'y maintenir pendant quelques instants. Le lieutenant d'artillerie Pistor est blessé à ses côtés; le capitaine Varaigne est atteint à la tête d'un éclat d'obus. Le lieutenant-colonel Hocédé et le commandant Vitte sont mortellement blessés.

A gauche, le colonel Rouget et le commandant Perrin arrêtaient, par un dernier effort, leurs troupes dans leur mouvement de repli. Avec quelques fractions des francs-tireurs de Neuilly et de la compagnie de Lamarche, ils sortent du bois de Saint-Benoît, entraînent les troupes hésitantes et forcent l'ennemi à se reporter en arrière. Les grenadiers du corps évacuent le Han, après une fusillade à bout portant et essayent de se maintenir dans le bouquet de bois qui est au nord. Nous les attaquons énergiquement de front par une poussée vigoureuse du régiment des Deux-Sèvres, pendant que les francs-tireurs, marchant sur Saint-Remy, menacent sérieusement leur flanc droit. Il est 2 heures : encore un effort et la victoire est à nous, lorsque de nouvelles forces, cavalerie, artillerie et infanterie, font leur apparition sur le terrain de la lutte.

Un peloton de dragons vient prolonger la droite de la ligne ennemie et concurremment avec l'escadron affecté comme soutien à l'artillerie, se met en devoir de couvrir le flanc de la ligne de bataille du côté de Saint-Remy. Notre mouvement tournant est arrêté de ce côté. Les deux dernières pièces de la 4e batterie légère, arrivant par le pont de La Voivre, viennent renforcer les deux batteries toujours en position à la Molière. Enfin, trois compagnies de grenadiers du corps débouchent à rangs serrés à l'ouest de Nompatelize, et, sous la direction du major de Gemmingen, percent droit sur La Salle. Un feu très nourri les accueille; elles parviennent cependant à prendre pied sur la première pente d'où, à 3 heures, elles poussent plus en avant.

Les troupes françaises échappent à leurs chefs et se mélangent à l'infini. Notre aile gauche, débordée, disloquée par l'artillerie ennemie, serrée de très près par les troupes badoises auxquelles le succès donne de l'audace, bat précipitamment en retraite et, dans le plus grand désordre, dépasse La Bourgonce. La section d'artillerie ne se retirait que lorsque l'ennemi, arrivé à 250 mètres d'elle, rendait sa position des plus périlleuses.

Le commandant Brisac parvient à retenir auprès de lui une centaine d'hommes et court avec eux occuper le petit bois de la Valdange, qui couvre le village de La Salle. Le général Dupré le rejoint avec quelques éléments des mobiles des Vosges et des Deux-Sèvres, des gardes nationaux et quelques gardes forestiers. Un dernier retour offensif est tenté sur Nompatelize. La marche s'effectue vigoureusement, lorsque la ligne française, prise d'écharpe par un feu violent de mousqueterie partant du bouquet de bois voisin de la Valdange, s'arrête indécise. A nouveau exposée au feu de l'artillerie, elle finit par fléchir et se replie sur La Bourgonce. Le général Dupré est frappé d'une balle qui lui traverse le cou de la nuque au menton.

A peu près en même temps, la ferme située à la croisée des routes au sud de Nompatelize tombe entre les mains de l'ennemi. La Salle va avoir le même sort.

Pendant ce temps, les grenadiers badois ont repris

leur marche en avant. La 1re compagnie enlève La Valdange; de concert avec la 3e, elle appuie vers la face est de La Salle. Le mouvement simultané de trois compagnies de fusiliers du même régiment par le Han et le bois de Saint-Benoît, permet aux Allemands, vers 4 heures, d'aborder le village par les deux faces et de s'y installer. Les Français abandonnent alors les habitations situées à la lisière du bois de Saint-Benoît et disparaissent dans les hauteurs boisées de la forêt de Rambervillers. « Ce n'étaient plus des troupes, c'était un troupeau humain où tout était mélangé. Les chefs de bataillon, les officiers s'en allaient pour leur compte; il n'y avait plus rien à faire. C'était une déroute. » (Commandant Perrin.)

Pendant que la droite allemande remportait ce succès, le 3e régiment badois avait achevé son déploiement vers la gauche, le long du chemin qui conduit des Feignes à Nompatelize. Vers 2 heures, une ligne de tirailleurs, dense et continue, s'élance de ce chemin et, par bonds successifs, se rapproche de la lisière du bois pendant que la 12e compagnie marche droit de Sauceray sur le col des Jumeaux. La marche des Allemands se fait avec un ordre, une assurance vraiment remarquables. L'entrée en ligne méthodique des soutiens et des réserves épaissit peu à peu la chaîne. A cinquante pas de la lisière des bois, la ligne de feu n'a pas moins de sept à huit rangs de profondeur. Les Badois se sont arrêtés avant de pousser l'assaut; ils reprennent haleine en s'abritant tant bien que mal. Des deux côtés, un silence profond, sur lequel plane la mort, succède au bruit de la mitraille, aux criailleries de la lutte. C'est l'attente fièvreuse du dénouement avec, pour nos troupes, l'action dissolvante résultant du mutisme de notre artillerie et du manque de munitions, épuisées depuis midi.

Soudain, toute la masse noire des Badois se précipite en avant, les rangs se serrent et se pressent. Leur enchevêtrement offre une cible mouvante dans laquelle un feu rapide bien nourri ou quelques boîtes à mitraille bien dirigées feraient de nombreux vides. Malheureusement, les défenseurs des Jumeaux n'ont plus que quelques cartouches, dont l'effet impuissant ne peut arrêter cette charge bien préparée et — pourquoi ne pas le reconnaître? — exécutée avec entrain. Les vides sont immédiatement comblés et d'un seul élan le 3e régiment badois atteint la lisière et pénètre dans le bois. C'est alors la lutte à l'arme blanche, lutte individuelle, lutte de braconniers. Nos hommes, mélangés sans ordre, échappant à toute direction d'ensemble, reculent lentement vers la crête, défendant chaque pouce de terrain en se faisant un rempart de chaque arbre.

La 4e compagnie de grenadiers essaie de déboucher de Nompatelize pour prendre part à l'assaut. Elle est maintenue en respect par une compagnie de gardes mobiles des Vosges, déployée le long du chemin creux qui contourne au nord le Petit-Jumeau. Mais vers 3 heures, les troupes badoises, maîtresses du bois, tombent à l'improviste sur les derrières de cette malheureuse compagnie qui, presque en entier, doit mettre bas les armes. La compagnie de grenadiers peut alors aborder le Petit-Jumeau, par le nord et se porter sur la ferme de la Folie, incendiée par les obus allemands.

VI. — Retraite.

C'est la déroute. Dans le Petit-Jumeau, le combat se continue; nos troupes font preuve d'une ténacité digne d'un sort meilleur. Vers 5 heures, le mamelon est cerné de toutes parts. La compagnie de grenadiers, qui occupe la Folie, monte vers le col des Jumeaux où elle fait sa liaison avec la 12e compagnie du 3e régiment. Elle est surprise par une poignée d'hommes qui, s'élançant du bois, chargent ses dernières files et parviennent à s'échapper par le Grand-Jumeau, vers le Haut-Jacques. Nous laissons la parole à un acteur de cet événement ·

« Nous descendions la côte au nombre d'une centaine, lorsque le capitaine nous arrêta d'un geste : les Prussiens étaient là à vingt pas de nous. Une longue colonne s'avançait par le sentier qui suit la gorge entre les Deux-Jumeaux. Le commandant allemand cria : Halte! reforma les rangs et remit sa troupe en marche. Le moment fut plein d'émotion. Nous étions couchés, haletants et silencieux, à l'abri de quelques broussailles; grâce à l'obscurité naissante, l'ennemi passa sans nous voir.

» Quand toute la colonne eut défilé, nous respirâmes; culbutant les derniers hommes, nous franchîmes d'un bond le chemin, et commençâmes à escalader le second Jumeau, traînant nos blessés aussi vite que possible. Cette montée fut pénible; je mourais de soif et à chaque instant je m'arrêtais pour respirer; mon sac ne m'avait jamais paru si lourd et me suffoquait.

» Enfin, nous atteignîmes le sommet; un coup d'œil navrant nous y attendait : la nuit était venue; dans le lointain les maisons de La Bourgonce brûlaient et les Prussiens, passant devant les flammes, s'y découpaient en noir comme les génies du mal; leurs clameurs montaient jusqu'à nous. »

Quelques autres groupes, moins denses, s'échappent par le même chemin. Il ne reste sur le Petit-Jumeau que quelques isolés, quelques rares blessés, quelques héroïques obstinés. Ceux-ci se réfugient sous les rochers qui couronnent le sommet, et tentent là un effort suprême et désespéré Ils sont tous massacrés. D'autres jettent sacs, cartouchières, fusils. Ils fuient en désordre et pour la plupart tombent entre les mains du vainqueur.

Nos troupes ont évacué La Bourgonce. La 4e compagnie des grenadiers du corps et des fractions du 6e régiment occupent le village pendant que la 12e compagnie du 3e badois vient, à la nuit tombée, ramasser encore quelques prisonniers dans la basse de Genevré. La batterie française, reconstituée et installée à proximité de La Bourgonce, avait lutté jusqu'à la dernière minute et se retira sans être inquiétée sous la protection d'une centaine de gardes mobiles.

L'ennemi, fatigué par dix heures de lutte, ne chercha pas à inquiéter notre retraite qui s'effectua sur Bruyères, par Mon-Repos et la vallée des Rouges-Eaux. Les Allemands, reportant pour la nuit leur ligne plus en arrière, bivouaquaient à trois kilomètres de La Bourgonce et se vengeaient de la résistance inattendue qu'ils avaient supportée en incendiant bon nombre de maisons des villages occupés. Il semble inutile de chercher à caractériser cette manière d'entendre la guerre qui se trouve précisée dans les instructions du maréchal de Moltke au général de Werder (8 décembre 1870) : « Soit que l'on ait à faire à une résistance ouverte et à main armée, soit que les obstacles proviennent d'une destruction malveillante et répétée des communications, on ne peut que recommander à Votre Excellence d'user de la dernière rigueur à l'égard des coupables, sur leurs personnes comme sur leurs biens, et de rendre les communes collectivement responsables des actes dont les auteurs ne peuvent être découverts. »

Les Français ont perdu 300 morts, 500 blessés, 588 prisonniers dont 6 officiers.

Du côté allemand, les documents officiels n'accusent qu'une perte de 436 hommes tués, blessés ou disparus. Mais les dires des témoins oculaires, les va-et-vient des voitures d'ambulance, les précautions prises par les Badois pour empêcher qu'on approchât de leurs morts et pour les enlever eux-mêmes; d'autre part, la longueur du combat et l'énergie de la résistance peuvent faire supposer que ce chiffre est au-dessous de la réalité.

VII. — Le général Dupré et ses troupes.

Tel fut le combat de Nompatelize. « Pendant sept heures, des conscrits appelés depuis quelques jours, mal armés, mal équipés, à peine soutenus par quelques pièces de faible calibre, avaient disputé le terrain à sept mille soldats exercés, appuyés par de la cavalerie et douze pièces. » (J.-B. Dumas.)

Le capitaine allemand Löhlein, historien du corps d'armée du général von Werder, rend justice en ces termes à la valeur de nos troupes : « C'est à peine si nous pûmes nous maintenir, en déployant toute l'intrépidité dont nous étions capables. »

Le général Dupré, dans son rapport au général Cambriels, se montre excessivement dur pour les troupes qu'il avait sous ses ordres. Ancien officier de gendarmerie, habitué à commander à de vieux soldats, il a présenté sous un jour très défavorable ces jeunes gens inexpérimentés qui se trouvaient inopinément, après des fatigues qui eussent ébranlé de meilleurs éléments, en présence d'un ennemi aguerri, toujours victorieux jusque-là et que l'imagination se représentait volontiers comme invincible.

Sans vouloir faire passer les quelques dix mille hommes, qui prirent part au combat de Nompatelize, pour dix mille soldats (1), nous ferons remarquer que le général Dupré n'a peut-être pas tiré parti de l'élan dont ses troupes improvisées étaient capables dans la première attaque, de la bonne volonté dont elles étaient susceptibles, de la bravoure et du patriotisme inhérents à notre race. Il fallait à ces troupes un premier succès : leur général ne sut pas le leur ménager. Aussi, au lieu de le suivre dans ses accusations, trouvons-nous plus intéressant de rechercher comment il eût été possible d'utiliser les éléments qu'il avait sous la main dans la situation où il était placé.

---

(1) « Un pays ne manque jamais d'hommes pour résister à une invasion ou pour soutenir une grande guerre, mais il manque souvent de soldats. » (Napoléon.)

CHAPITRE III

ÉTUDE CRITIQUE DES OPÉRATIONS MILITAIRES DANS LA JOURNÉE DU 6 OCTOBRE 1870

Dans la première partie de ce travail, nous avons étudié les incidents du combat du 6 octobre en évitant d'embrouiller l'exposition des faits par des observations ou des conclusions pratiques. Cependant l'étude d'un fait de guerre n'aurait qu'un intérêt purement rétrospectif et relativement médiocre, si elle ne permettait d'examiner la manière dont l'attaque et la défense ont su tirer parti de leur situation, de rechercher s'il eût été possible d'agir autrement et mieux que ne l'ont fait les deux adversaires, étant données les conditions multiples dans lesquelles la rencontre a eu lieu, et, enfin de tirer des leçons d'expérience, dont l'application permet une préparation à ceux qui consacrent leur vie au métier des armes. Ce sera l'objet de la deuxième partie de notre étude.

PREMIÈRE PARTIE

Français.

I. — Situation où est placé le général Dupré. Discussion de la ligne de conduite à adopter.

La petite armée du général Dupré était forte d'environ quinze mille hommes. Mais, par suite de défaillances que nous ne voulons pas signaler, dix mille à

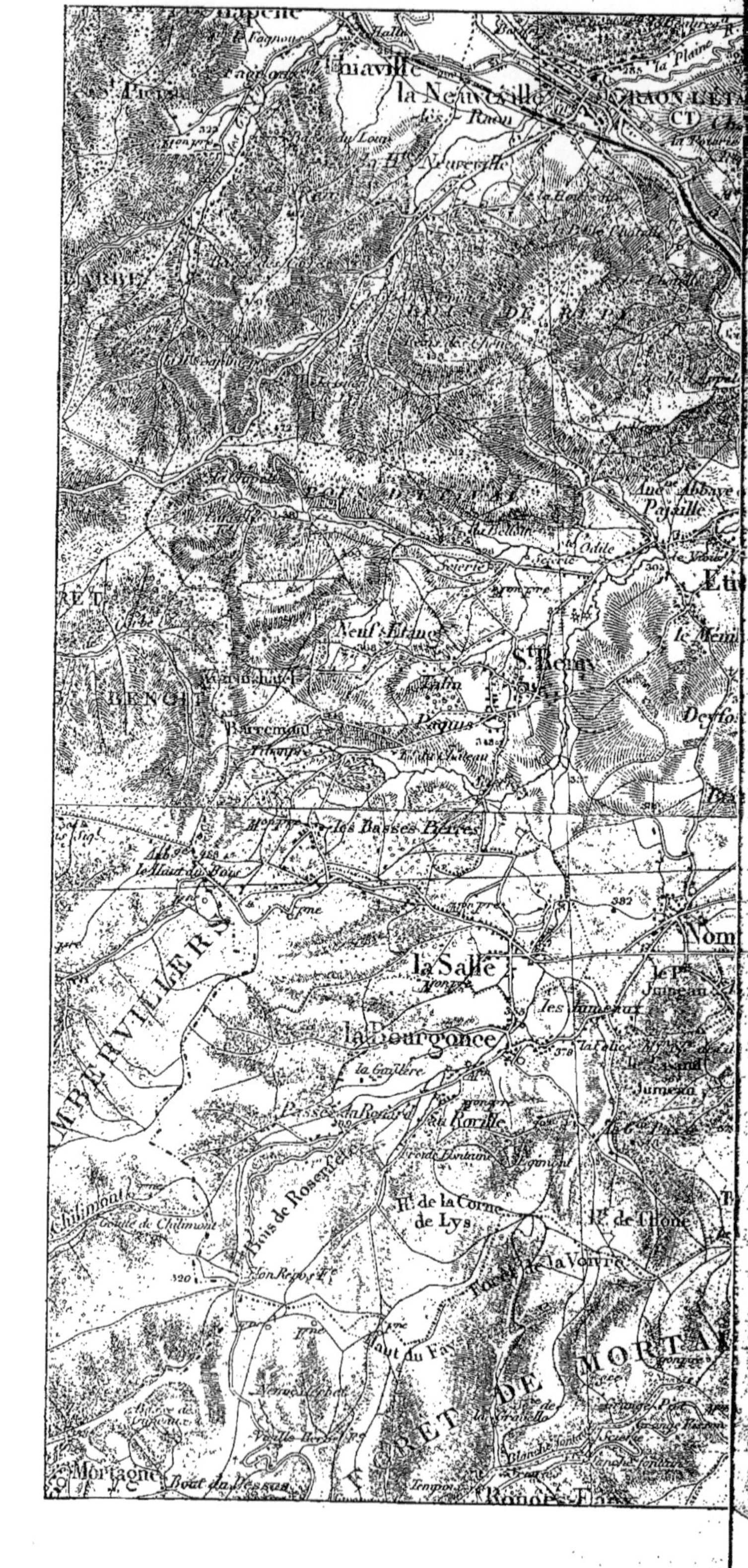

la Neuveville
la Salle
la Bourgonce
S.t Remy
Neufs Etangs
les Basses Pierres
le Haut du Bois
Barremont
les Jumeaux
H.r de la Corne de Lys
H.r de Chone
Chilimont
Goutte de Chilimont
Haut du Fay
Mortagne

le Paire
la Chapelle
les Baraques
Humbaché
la Hollande
la Voivre
la Meurthe
Bréhimont
St Michel
sur-Meurthe
la Vacherie
la Pêcherie
Herbaville
Marzelay
Saucerav
Robache
la Bolle
le Béhat
les Moitresses
Bois
Route

peine arrivèrent sur le champ de bataille. La grande majorité des troupes françaises n'a pas encore vu le feu; sa situation physique et morale est déplorable. Elle n'a aucune cavalerie, et, pour soutenir l'infanterie, le général Dupré ne dispose que d'une batterie de 4, alors qu'il lui faudrait une forte proportion d'artillerie pour compenser l'infériorité morale des éléments placés sous ses ordres.

Quel pouvait être le but que le général Dupré, en arrivant à La Bourgonce, se proposait d'atteindre? Sans doute, il avait reçu l'ordre de gagner du terrain vers le Nord, pour marcher sur le tunnel de Lutzelbourg, par le Donon, et en effectuer la destruction. Mais la capitulation de Strasbourg, rendant disponibles des forces ennemies considérables, mettait complètement obstacle à l'exécution de cette opération. Le premier but à rechercher dès lors était de se renseigner sur les effectifs qui allaient s'opposer à l'accomplissement de sa mission et ne pas compromettre inutilement ses jeunes troupes. Mieux renseigné, le général Dupré aurait sans doute rendu hommage par ses actes à ces paroles de Bourbaki : « A la guerre, on fait quand on croit réussir; on ne s'expose pas bénévolement à démoraliser une armée en la faisant battre. »

Peut-on dire que le commandant des troupes françaises à La Bourgonce croyait au succès? Il serait aussi téméraire de l'affirmer qu'imprudent de le nier. Si l'on en juge d'après sa façon d'agir, on peut dire qu'il ne recherche qu'une chose : aborder l'ennemi le plus rapidement possible. Aussi *pas de reconnaissance* pour déterminer l'adversaire dans ses forces et dans ses intentions : c'est la marche en avant sans motif, celle qui, infailliblement, conduit à un échec. C'est inspiré par une situation identique que le général Cambriels écrira plus tard au ministre de la guerre : « Fallait-il, avec des troupes mal armées, dont quelques-unes habillées de toile, sans souliers, sans tentes, sans chefs supérieurs, sans réserves de vivre ni de munitions, attendre un ennemi dont les forces s'élevaient à 35.000 hommes et menant avec lui une nombreuse artillerie ?

» Rester dans mes positions vingt-quatre heures, douze heures de plus, c'était à mon sens une faute impardonnable, c'était entraîner à un désastre évident, à une ruine complète cette petite colonne que je considérais comme le noyau d'une armée redoutable dans un avenir peu éloigné. »

Puisque la cavalerie faisait défaut, des éclaireurs devaient la remplacer. Appuyés par des fractions constituées et lancés de grand matin sur Etival et sur La Voivre, seuls points de passage sur la Meurthe, ils auraient recueilli des renseignements précis et donné au général les moyens de juger de la situation. Dès lors, connaissant la marche du XIVe corps, la force en artillerie de la brigade Degenfeld, il est à supposer qu'au lieu de se porter en avant, il aurait défendu les défilés boisés en arrière de La Bourgonce et aurait évité de se mesurer en plaine avec l'ennemi.

II. — La guerre de partisans dans les Vosges.

Le but à atteindre se serait dès lors précisé et résumé ainsi : occuper le XIVe corps allemand, obligé, en la circonstance, de surveiller les communications des armées engagées dans le centre de la France. Le corps de Werder n'aurait pu quitter la Meurthe tant que le pays abritait des rassemblements importants.

Il fallait avant tout retarder la marche de l'ennemi, l'intimider, le faire hésiter à s'engager dans ces montagne boisées, en le maintenant dans l'idée qu'elles étaient peuplées de partisans; il fallait que sur chaque route, chaque sentier, chaque chemin forestier, il trouvât le passage barré; il fallait le forcer à n'avancer qu'à pas comptés, en fouillant chaque ravin, chaque couvert pouvant recéler une embuscade; il fallait qu'il pût craindre à chaque instant d'être tourné, atteint dans ses convois, coupé dans ses communications. C'était la seule lutte possible, la seule qui put produire de bons résultats en aguerrissant les troupes tout en gagnant du temps.

Cette méthode aurait amené peu à peu la cohésion, la concentration dans la main du commandement des divers éléments de résistance éparpillés un peu de tous côtés. Si on laissait l'ennemi engager ses colonnes en attendant une occasion favorable pour assaillir la plus exposée, le succès était possible; on eût du moins évité un désastre.

Les instructions du général Le Flô au général Cambriels insistent beaucoup sur le caractère de la lutte qu'il aura à soutenir. Il lui recommande de harceler les détachements de l'ennemi sans trêve et sans repos, de l'empêcher ainsi de s'étendre, de resteindre le champ de ses réquisitions, de menacer surtout ses relations avec l'arrière, afin de l'inquiéter jour et nuit, toujours et partout. Il est navrant de constater que ces idées, qui paraissent ignorées des militaires, aient été familières aux administrateurs civils. Nous trouvons dans une circulaire du préfet des Vosges les paroles suivantes adressées aux commandants des gardes nationaux sédentaires: « Ils sont surtout destinés à prêter leur appui aux troupes actives combattant dans les environs ou à harceler l'ennemi en tiraillant sous bois, sans jamais s'engager en ligne ni dans les villages eux-mêmes. Ils doivent, en conséquence, dresser leurs hommes à combattre en tirailleurs, à s'embusquer derrière les arbres, les ravins, les fossés et à viser très juste afin de ne tirer qu'à coup sûr. »

Le général von der Goltz écrit à ce sujet : « Ce qu'il y a de plus dangereux pour les armées qui se trouvent déjà atteintes dans leur énergie, c'est la guerre nationale, la guerre de guérillas. » *(Gambetta et ses armées.)* On peut à première vue être étonné des résultats acquis par les partisans : il faut en chercher les raisons dans des causes purement morales. La confiance des soldats de l'invasion est atteinte; leur imagination grossit les périls auxquels les exposent les patrouilles isolées, les pointes, les reconnaissances. Leur moral s'affaisse sous les incessantes escarmouches, heureuses ou malheureuses. Elles les troublent profondément. Il importe au plus haut point de réagir, et la sûreté de l'armée envahissante exige que le haut commandement retire des théâtres d'opérations principaux des troupes dont la quantité ne correspond nullement aux effectifs de la résistance.

III. — Le combat du 6 octobre sur le front Saint-Michel-Nompatelize, les Jumeaux.

Mais adoptons l'idée du général Dupré : attaquer directement l'ennemi en marche de Raon-l'Etape sur Saint-Dié. Il est inutile de faire remarquer à nouveau qu'il aurait été indispensable de reconnaître cet ennemi. Mais on peut se demander si une occupation différente du plateau de Nompatelize n'aurait pas procuré de meilleurs résultats. En se faisant un pivot de la position de Saint-Michel mise en état de défense et solidement occupée, la gauche à Nompatelize également organisée, avec une forte réserve vers le Petit-Jumeau, à l'abri dans le bois, on barrait à l'ennemi la route de la rive gauche. Sans doute, il ne faut point trop faire entrer en ligne de compte la capacité de manœuvre des troupes françaises engagées. Il est cependant utile de remarquer que les terrains compris entre La Salle et Etival ménageaient toute facilité de se rabattre sur le flanc d'un ennemi attaquant de front. La gauche française n'a rien à craindre : la Chipote, le Haut-du-Bois, le Haut-Jacques, Mon-Repos sont occupés, et l'ennemi ne peut profiter du couvert des bois pour tourner l'aile française; ses renseignements sont trop peu précis pour qu'il ose ainsi se placer entre l'enclume et le marteau.

L'occupation du cirque de Nompatelize face au Nord offrait en outre l'immense avantage d'interdire aux troupes de la rive droite l'accès du pont de La Voivre et d'annihiler, par suite, la plus grande partie des forces allemandes. Leur entrée en action, tout au moins, en eût été singulièrement retardée.

Enfin, le front de bataille de 3.500 mètres au plus était mieux proportionné à l'effectif et surtout à la valeur des troupes dont on disposait.

IV. — Le combat tel qu'il a eu lieu. Occupation de la ligne. Constitution des réserves.

Considérons l'action du 6 octobre comme elle s'est déroulée; admettons que le front les Jumeaux - Saint-Remy ait été imposé par les circonstances. L'occupation de cette ligne — trop vaste — eût-elle dû consister en l'organisation d'un long et mince cordon uniforme, faible partout, fort nulle part? Il semble que l'occupation préparée et organisée de sérieux points d'appui : Jumeaux, Nompatelize, La Molière, Saint-Remy, aurait permis de concentrer sur un point donné un effort réel par la constitution, dès lors possible, de sérieuses réserves. Le général Dupré, n'ayant prévu que la marche en avant, avait une seule réserve maintenue à La Bourgonce. Malheureusement, elle est engagée dès 11 heures du matin; à partir de ce moment, le mode d'intervention du commandant en chef consiste à rassembler deci, delà, les troupes qui battent en retraite, et à les reporter en avant. Conduite héroïque et brillante qui semble plutôt être l'apanage d'un capitaine que d'un général. Elle ne peut en tout cas être un exemple.

Cette absence de réserves eut donc pour conséquence forcée et immédiate d'annihiler l'action du commandant en chef dans la lutte engagée. Les contre-attaques, non appuyées par des troupes fraîches, étaient destinées à avorter. Sans vouloir faire de roman, admettons que, vers 11 h. 30 du matin, une troupe ayant encore toute son énergie morale puisse entrer dans la lutte et déboucher de Nompatelize. Elle rejetait sur Bréhimont les deux compagnies entassées dans le vallon entre Nompatelize et les Void-de-Paru. Ce mouvement de recul aurait à la fois singulièrement compromis les fractions qui marchaient sur les Feignes et toute la droite badoise déjà menacée par l'énergique poussée en avant du commandant Perrin. L'entrée en action des renforts allemands devenait particulièrement délicate. L'issue de la journée en eût été influencée.

D'un autre côté, la non-occupation immédiate de la hauteur de la Molière a donné, dès le début de l'action, à la ligne française son caractère de redan couvrant La Bourgonce. Dispositif évidemment défectueux et faible : Nompatelize devenait un saillant sur lequel allaient se concentrer immédiatement tous les efforts de l'ennemi sans que la défense puisse s'y déployer efficacement. Aussi, voyons-nous peu à peu toute l'artillerie allemande venir s'installer sur cette hauteur et rendre très rapidement intenables les différents points occupés par les troupes du général Dupré.

Il y aurait lieu aussi de remarquer le fractionnement de l'artillerie française et son utilisation par section. Sans doute cet emploi avait l'avantage d'appuyer — au moins moralement, — toutes les troupes d'infanterie. Si elle avait été groupée et adjointe à la colonne de gauche, qui sait le parti que le commandant Perrin eût su en tirer ?

V. — Retraite à prévoir et à organiser.

On peut également se demander s'il n'eût pas été possible d'organiser une retraite moins désastreuse. Dès 2 heures, l'entrée en ligne des renforts allemands ne laisse plus aucun doute sur l'issue de la journée. Il eût été sage, avec des troupes aussi peu solides que celles dont le général Dupré disposait, de ne pas user jusqu'au bout leur force morale. La prudence commandait de ne pas attendre la déroute dont les conséquences se firent sentir pendant longtemps par l'impossibilité de réorganiser les corps disloqués. En rompant à temps le combat vers Saint-Remy, le Han et La Salle, il aurait été possible d'organiser la retraite sur Mon-Repos, au lieu d'être acculé à une débandade qui amena à Bruyères une cohue sans consistance comme sans valeur.

L'occupation de la Passée-du-Renard et du bois de Rosenfête aurait arrêté net la marche du vainqueur, d'ailleurs peu disposé à une poursuite sérieuse.

L'obscurité qui tombait sauva seule les débris de ce petit corps des Vosges qui, ménagé, aurait pu constituer le noyau d'une armée sérieuse. Il avait fourni une résistance qui étonna ses adversaires et, s'il y eut de nombreuses défaillances, si l'histoire relève malheureusement des cas de faiblesse équivoque, elle enregistre aussi de nombreuses actions d'éclat et un courage digne d'un meilleur sort. Quoi qu'en dise certain historien de cet épisode, la brigade Dupré a fourni, du 2 au 6 octobre, un effort considérable qu'il est consolant d'opposer à celui des Allemands.

VI. — Le général Dupré était-il l'homme de la situation ?

Sans doute, il est facile de discuter sur les faits passés. Nous n'ignorons pas la différence qu'il y a entre enfoncer l'ennemi par la parole ou par la pensée, les pieds sur les chenets, dans la tranquillité et le bien-être du temps de paix, et faire rester sous les balles des hommes en proie à toutes les misères du temps de guerre. Aussi, dans la série d'observations que nous venons de présenter, ne faut-il chercher de parti pris d'aucune sorte. Nous sommes profondément respectueux du dévouement malheureux dont tous ont fait preuve. Mais n'est-ce pas le droit de la critique de faire ressortir ce fait qui peut un jour trouver son application : le général Dupré a donné tout ce qu'il pouvait donner dans les conditions physiques et morales où il se trouvait. Dérouté par les allures d'une armée si différente de celle où il avait eu à commander depuis son entrée dans la carrière, il a manqué de confiance et n'a pas senti qu'à des situations nouvelles il fallait des procédés nouveaux. Ne comprenant ni l'élément humain dont il avait à se servir, ni le terrain sur lequel il était appelé à évoluer, ne se rendant pas, sans doute, un compte exact du but que l'on devait se proposer d'atteindre dans la défense des Vosges, il ne pouvait être l'homme qu'il fallait pour arrêter l'invasion allemande dans le secteur qui lui avait été confié.

DEUXIÈME PARTIE

Allemands.

I. — Scission de la brigade Degenfeld en deux colonnes.

Si l'on suit en détail les opérations du petit corps allemand, il est possible de relever également de nombreuses fautes, dont malheureusement le général Dupré n'a pas su profiter.

Le général de Degenfeld a été averti dès le 5 octobre, par ses patrouilles de cavalerie, de la présence des troupes françaises à Nompatelize et à Saint-Michel. Bien qu'il ne croie avoir affaire qu'à un petit corps de partisans, qu'il néglige d'ailleurs de faire reconnaître, il arrête, à hauteur d'Etival, sa colonne marchant sur Saint-Dié, détache le quart de ses forces sur la rive gauche de la Meurthe, pour ouvrir son flanc droit, et il attend que le brouillard se soit dissipé pour reprendre la marche. Sans entrer dans le détail de la composition de cette flanc-garde qui aurait dû comprendre la majeure partie de la cavalerie afin de pouvoir porter sur la lisière des bois de rapides et profonds coups de sonde dans les directions suspectes de la Chipote, du Haut-du-Bois, de Mon-Repos, du Haut-Jacques, sans remarquer qu'il lui eût fallu, pour être utile, avoir un itinéraire reporté plus à l'Ouest, nous nous demanderons seulement s'il n'aurait pas été préférable de faire marcher la colonne réunie sur une seule rive en lançant sur l'autre, jusqu'à la lisière des bois, de sérieuses patrouilles de cavalerie et en tenant solidement le pont d'Etival pour s'assurer le passage en cas de nécessité? Scinder en deux portions, séparées par un obstacle infranchissable, un corps aussi peu important que celui dont disposait Degenfeld, c'est s'exposer à bien des déboires en présence d'un ennemi tant soit peu hardi et manœuvrier et disposant, comme c'était le cas, d'un terrain où il aurait eu tout l'avantage grâce à l'escarpe qui, de la Croix-de-Pierre à Saint-Michel, surplombe la vallée.

II. — Insuffisance de la reconnaissance qui amène une action décousue. Ligne de bataille sans consistance.

D'autre part, on peut s'étonner que les patrouilles envoyées la veille et le matin même n'aient pas mieux renseigné le commandant sur les forces françaises : le déploiement de celles-ci et l'extension subite de l'action de Saint-Remy jusqu'aux Jumeaux vont causer aux Allemands une véritable surprise. Il en résultera une action décousue qui fait entrer successivement en ligne les différents éléments de la colonne et qui amène vers midi la formation d'une longue ligne de bataille où les compagnies sont réparties sans liaison et sans réserve immédiate. Si nous avons pu critiquer la longueur démesurée du front de combat des Français, à combien plus forte raison pouvons-nous adresser le même reproche à leurs adversaires, lorsque nous voyons le major Kieffer déployer en entier ses deux bataillons, jetant deux compagnies sur le Han, quatre sur Nompatelize et deux sur les Feignes, à des intervalles de 1.000 et 1.500 mètres, sur un front de 3 kilomètres, sans savoir ce qu'il a devant lui? Il ne garde aucune réserve et s'expose à être écrasé sur tous les points avant qu'aucun secours puisse lui venir de la rive droite, si l'ennemi, quatre fois plus fort en ce moment, saisit à propos l'offensive.

Mais les circonstances le servent à souhait : le centre et l'aile droite des troupes françaises, rivés aux couverts occupés, au lieu d'attaquer vigoureusement, restent sur une défensive passive; seule l'aile gauche commence à dessiner un mouvement tournant qui, s'il est bien appuyé, peut devenir dangereux pour l'adversaire. Mais celui-ci, renforcé, reprend l'avantage.

III. Point d'attaque choisi tardivement et mal choisi.

On cherche en vain dans les dispositions prises par le général de Degenfeld le point d'attaque qu'il a choisi. L'effort est le même sur toute la chaîne dont il a fallu, bon gré mal gré, renforcer et souder les différents anneaux. Peut-être, si le major Kieffer avait été plus circonspect, le combat eût-il pris de suite une autre tournure. Une vigoureuse poussée de Nompatelize sur La Bourgonce eût coupé la ligne française en deux : l'ennemi, se rabattant ensuite sur le bois des Jumeaux et sur La Salle, barrait la retraite à la plupart des défenseurs : sa victoire était complète. Mais le général de Degenfeld reste flottant et indécis; ce n'est guère que vers 3 h. 30 qu'il se résout à prendre le taureau par les cornes. C'est bien l'expression qui convient pour caractériser cet assaut meurtrier de la gauche allemande sur les Jumeaux, alors qu'en accentuant le succès de la droite, le général la portait sur les communications françaises.

IV. — Poursuite non effectuée.

Inhabiles à précipiter le succès, les Allemands ne surent pas non plus profiter de leur victoire. Ils s'acharnent à couper, en vain, la retraite aux défenseurs du Petit-Jumeau, au lieu de lancer de suite leur cavalerie sur les routes de Rambervillers et de Mon-Repos, où elle eût rejoint les bandes françaises éparses et fuyant dans toutes les directions.

CONCLUSION

Le succès des Allemands à Nompatelize n'est, on peut en juger, brillant ni dans ses moyens ni dans ses effets matériels. Le général de Degenfeld n'a vaincu que grâce à la faiblesse bien naturelle de ses adversaires et n'a fait preuve ni de coup d'œil ni d'audace.

Ne peut-on, dès lors, penser que, s'il avait eu en face de lui des troupes plus solides et un chef plus expérimenté, sa victoire se fût tournée en défaite ? Cela eût-il changé l'issue décisive de la lutte dans les Vosges? Il serait téméraire de le croire; mais, à coup sûr, la confiance que le succès eût donné aux troupes de la défense, la crainte inspirée aux Allemands, pouvaient modifier bien des choses, rendre l'assaillant plus circonspect, retarder sa marche et donner au général Cambriels le temps de reformer ses troupes, de recevoir des renforts, d'étudier, de choisir et de fortifier une position sur laquelle il aurait pu attendre en toute sécurité le choc de l'ennemi et s'appuyer pour manœuvrer. Si l'issue de la lutte n'eût pas été sensiblement modifiée, sa durée et ses effets eussent été certainement très différents. L'abandon prématuré de la région vosgienne, conséquence forcée de l'échec de Nompatelize, mettait à néant toutes les espérances. Mais s'il fallait en rechercher et analyser toutes les causes, nous résumerions nos observations par ces paroles du général Chanzy : « La France était atterée de ses défaites. On n'avait plus confiance dans l'issue de la lutte : voilà quelle a été la plus grande cause de nos désastres. Je ne dis pas que l'on doive avoir une confiance illimitée dans les résultats avant d'entreprendre une guerre; mais une fois qu'elle est engagée, il faut croire au succès, et c'est cette confiance qui nous a manqué. »

Cette confiance ne nous reviendra vivace et féconde que lorsque la masse de la nation sera convaincue que l'homme, au combat, ne résiste aux émotions et aux labeurs de la marche sous les balles et la mitraille que par une ténacité morale inébranlable. Elle n'est pas, quoi qu'on en dise, le simple résultat d'un entraînement militaire de quelques mois ou de plusieurs années. Elle est surtout fonction de l'esprit public et dépend essentiellement de l'éducation morale première de l'homme. C'est au combat que l'on retrouve les qualités d'une nation, mais aussi ses défauts. Il est donc essentiel, pour préparer des troupes qui forment des éléments de succès, de s'efforcer de développer dans les masses, par l'éducation de l'enfance, les leçons de la solidarité et de la discipline à tous les degrés. C'est évidemment le moyen le plus sûr d'obtenir un idéal de patriotisme et de loyauté qui donne la force d'aborder l'ennemi avec vigueur et de le battre avec entrain.

TABLE DES MATIÈRES

CHAPITRE III

Étude critique des opérations militaires dans la journée du 6 octobre 1870.

Ire Partie

Français.

IIe Partie

Allemands.

Paris et Limoges. — Imp. milit. Henri Charles-Lavauzelle.

BIBLIOTHEQUE NATIONALE DE FRANCE
3 7531 04654611 6

www.ingramcontent.com/pod-product-compliance
Ingram Content Group UK Ltd.
Pitfield, Milton Keynes, MK11 3LW, UK
UKHW020212200726
13856UKWH00004B/1338